Das Institut
für ausländisches und internationales Strafrecht
in Freiburg i. Br.

1938—1963

Von
Professor Dr. Hans-Heinrich Jescheck

Berlin 1963

Walter de Gruyter & Co.

vormals G. J. Göschen'sche Verlagshandlung · J. Guttentag, Verlagsbuchhandlung
Georg Reimer · Karl J. Trübner · Veit & Comp.

Archiv-Nr. 2 741 63 1
Satz und Druck: Walter de Gruyter & Co., Berlin 30

Foto Maria van Calker

Adolf Schönke

VORWORT

Im Jahre 1938 gründete der kurz zuvor nach Freiburg berufene Professor Dr. *Adolf Schönke* das Institut für ausländisches und internationales Strafrecht als Universitätsseminar. 25 Jahre des Bestehens sind für eine wissenschaftliche Einrichtung dieser Art an sich keine lange Zeit, sie geben jedenfalls keinen Anlaß für einen akademischen Rechenschaftsbericht. Wenn trotzdem in der vorliegenden Schrift zu diesem Zeitpunkt die Entwicklung des Instituts in dem vergangenen Vierteljahrhundert festgehalten und seine gegenwärtige Lage dargestellt wird, so geschieht dies in der Absicht, die Teilnehmer des Colloquiums der Association Internationale de Droit Pénal zu dem Thema „Die internationalen Wirkungen der Strafurteile" über das Institut zu informieren, mit dessen Unterstützung und in dessen Räumen diese Veranstaltung vom 5.—7. September 1963 stattfindet. Darüber hinaus mag ein aus diesem Anlaß gegebener Überblick auch für andere mit Rechtsvergleichung befaßte Personen und ihr dienende Einrichtungen von Interesse sein, zumal die hier mitgeteilten Erfahrungen die besonderen Probleme einer Institution kennzeichnen, die sich durch die Natur ihrer Aufgabe aus kleinen Anfängen zu einem Zentrum der Strafrechtsvergleichung entwickelt hat.

INHALTSVERZEICHNIS

A. DIE ENTWICKLUNG DES INSTITUTS

I. Die Vorgeschichte

Mit der Freiburger Institutsgründung im Jahre 1938 knüpfte Schönke bewußt an bestimmte Vorbilder an. Im Rahmen der Kaiser-Wilhelm-Gesellschaft zur Förderung der Wissenschaften hatte im Jahre 1924 *Viktor Bruns* ein Institut für ausländisches öffentliches Recht und Völkerrecht errichtet; im Jahre 1926 war ihm *Ernst Rabel* mit der Gründung des Instituts für ausländisches und internationales Privatrecht gefolgt, nachdem er schon im Jahre 1916 das älteste deutsche Universitätsinstitut für Rechtsvergleichung in München geschaffen hatte. Die beiden Kaiser-Wilhelm-Institute hatten ihren Sitz in Berlin. Sie sind heute Institute der Max-Planck-Gesellschaft.

Für das Strafrecht fehlte es zu jener Zeit an einem Mittelpunkt für die rechtsvergleichende Forschung. Bei den gesetzgeberischen Arbeiten der 20er und 30er Jahre, insbesondere bei der Strafrechtsreform, hatte es sich wiederholt nachteilig bemerkbar gemacht, daß die erforderlichen auslandsrechtlichen Materialien in Deutschland entweder gar nicht oder nur lückenhaft zur Verfügung standen. Es war deshalb ein naheliegender und berechtigter Gedanke, für das Strafrecht ebenfalls eine leistungsfähige Forschungsstätte mit umfassender Bibliothek und geschulten Hilfskräften zu schaffen, um so mehr als die Tradition der deutschen Strafrechtsvergleichung, die schon in der ersten Hälfte des 19. Jahrhunderts durch *Feuerbach*, *Birnbaum*, *Warnkönig* und *K. J. A. Mittermaier* begründet worden war, an Bedeutung der Rechtsvergleichung auf den Gebieten des bürgerlichen und öffentlichen Rechts nicht nachstand. *Franz v. Liszt* ist es gewesen, der die Strafrechtsvergleichung um die Jahrhundertwende zu einem brauchbaren Hilfsmittel moderner Gesetzgebung ausgebaut hat, und ein bedeutender Praktiker, der Staatssekretär im Reichsjustizamt Dr. *Nieberding*, bediente sich ihrer in großzügiger Weise zur Vorbereitung der Gesamtreform des Reichsstrafgesetzbuchs. Die unmittelbare Anregung zu dem Aufschwung der Strafrechtsvergleichung um die Jahrhundertwende kam aus der Schweiz. *Carl Stooß* hatte dort zur Vorbereitung seines Vorentwurfs eines schweizerischen Strafgesetzbuchs im Jahre 1890 eine vergleichende Sammlung der Strafgesetzbücher der Schweizer Kantone herausgegeben und im Anschluß daran die Grundzüge des schweizerischen Strafrechts vergleichend dargestellt[1]. Franz v. Liszt, der mit Carl Stooß befreundet war, ging ähnliche Wege. Im Jahre 1888 begann er mit der Herausgabe der Reihe der Übersetzungen außerdeutscher Strafgesetzbücher[2]. In den Jahren 1894 und 1899 erschien die ebenfalls von ihm herausgegebene systematische Darstellung europäischer und außereuropäischer Strafrechte aus der Feder führender deutscher und ausländischer Sachkenner[3]. Als eine gemeinsame Leistung fast der gesamten deutschen Strafrechtswissenschaft kam in den Jahren 1905 bis 1909 auf Anregung Dr. *Nieberdings* die „Vergleichende Darstellung des deutschen und ausländischen Strafrechts“ in 16 Bänden zustande. Die von Liszt zusammen mit *Adolf Dochow* im Jahre 1881 begründete „Zeitschrift für die gesamte Strafrechtswissenschaft“ berichtete in ihrer Auslandsrundschau regelmäßig über die Entwicklung der Gesetzgebung, Rechtsprechung und Rechtswissenschaft auf dem Gebiet des Strafrechts im Ausland. In der durch Franz von Liszt zusammen mit dem Niederländer *G. A. van Hamel* und dem Belgier

---

[1] *Carl Stooß*, Die schweizerischen Strafgesetzbücher zur Vergleichung zusammengestellt, 1890; *ders.*, Die Grundzüge des schweizerischen Strafrechts vergleichend dargestellt, 2 Bände, 1892, 1893.

[2] Außerdeutsche Strafgesetzbücher in deutscher Übersetzung, 1888ff.

[3] Die Strafgesetzgebung der Gegenwart in rechtsvergleichender Darstellung, Bd. 1, 1894, Bd. 2, 1899.

Adolphe Prins im Jahre 1888 gegründeten Internationalen Kriminalistischen Vereinigung (IKV) wurde ferner jene völkerverbindende Organisation von Strafjuristen, Strafvollzugspraktikern und forensisch interessierten Medizinern geschaffen, in der man sich laufend zum internationalen Gedanken- und Erfahrungsaustausch und zur Ausarbeitung der großen rechtspolitischen Forderungen zusammenfand, die dann in der ersten Hälfte des 20. Jahrhunderts nach und nach verwirklicht worden sind. Dies war der geschichtliche Hintergrund der Freiburger Institutsgründung. Eine empfindliche Lücke bestand auf diesem Gebiet schon lange, es bedurfte jedoch des am Auslandsrecht interessierten, organisatorisch befähigten und in Schwierigkeiten ausdauernden Gelehrten, um den Gedanken in die Tat umzusetzen. Der Mann, der diese Eigenschaften in sich vereinigte, war *Adolf Schönke*. Die Gründung des Freiburger Instituts ist sein Werk. Seinen Anträgen folgte das Badische Ministerium des Kultus und Unterrichts durch ein Schreiben vom 31. Oktober 1938 an den Rektor der Universität zu Freiburg, in dem es heißt:

> „Die Einrichtung eines Seminars für ausländisches und internationales Strafrecht an der Universität Freiburg mit Wirkung vom Wintersemester 1938/39 ab wird genehmigt.“[4]

II. Die Gründung des Seminars für ausländisches und internationales Strafrecht und seine Entwicklung bis zum Kriegsende

Die Geschichte des Freiburger Instituts in den ersten 15 Jahren seines Bestehens ist mit der Person seines Gründers verbunden. Schönke war Schüler von *Ernst Heymann*, *James Goldschmidt* und *Eduard Kohlrausch* in Berlin; bei Kohlrausch hat er sich 1935 für die Fächer Strafrecht und Prozeß-

---

[4] Vgl. Anhang, S. 41.

recht habilitiert[5]. Nach seinem im Jahre 1934 abgelegten Assessorexamen wurde Schönke wissenschaftlicher Mitarbeiter im Reichsjustizministerium und führte dort auf Anregung des Ministerialdirektors *Ernst Schäfer* vor allem rechtsvergleichende Untersuchungen durch. Im Jahre 1938 wurde Schönke an die Universität Freiburg als Nachfolger von *Eduard Kern* auf den Lehrstuhl für Strafrecht und Prozeßrecht berufen. Aus seiner Berliner Tätigkeit als Universitätsassistent und Beamter des Reichsjustizministeriums kannte er die beiden Kaiser-Wilhelm-Institute für Rechtsvergleichung und nahm sich vor, ihnen in Freiburg etwas Ähnliches auf dem Gebiet des Strafrechts an die Seite zu stellen. Durch seine Mitarbeit an der Auslandsrundschau der damals von Kohlrausch herausgegebenen Zeitschrift für die gesamte Strafrechtswissenschaft verfügte er über persönliche Verbindungen zum Ausland, die ihm bei der Institutsgründung zustatten kamen.

Als Schönke seine Freiburger Pläne ins Werk setzte, sah er sich jedoch sofort grundsätzlichen Schwierigkeiten gegenüber, die mit der Eigenart der Aufgabe selbst zusammenhingen. Die entscheidenden Vorbedingungen für die Gründung eines Instituts für Rechtsvergleichung waren im Jahre 1938 eigentlich nicht mehr gegeben. Die Arbeiten an der Strafrechtsreform, einem der Hauptaufgabengebiete der strafrechtlichen Rechtsvergleichung, waren damals im wesentlichen abgeschlossen. Den Entwurf eines neuen Strafgesetzbuchs (Entwurf *Gürtner*) hatte das Reichsjustizministerium im Jahre 1936 vorgelegt, und man nahm an, daß er Gesetz werden würde. Der Entwurf einer neuen Strafverfahrensordnung folgte kurze Zeit danach im Jahre 1939. Da die Rechtsvergleichung für die großen gesetzgeberischen Vorhaben auf

---

[5] Die Habilitationsschrift *Schönkes*, „Beiträge zur Lehre vom Adhäsionsprozeß", Berlin 1935, enthält einen umfangreichen rechtsvergleichenden Teil. Bereits im Jahre 1937 legte *Schönke* eine Quellenübersicht „Ausländisches Strafrecht" vor, die zuletzt in 4. Auflage 1953 von *Kielwein* herausgegeben wurde.

dem Gebiete des Strafrechts zu spät kam, war es schwierig, bei den maßgebenden Stellen die Bereitschaft für die Aufbringung der erheblichen finanziellen Mittel zu erwirken, die vor allem die Einrichtung der Bibliothek eines rechtsvergleichenden Instituts erfordert. Auch war es in der alle tüchtigen Kräfte absorbierenden Epoche der Kriegsvorbereitung so gut wie unmöglich, geeignete Mitarbeiter mit den erforderlichen juristischen Qualitäten, Sprachkenntnissen und Auslandserfahrungen zu gewinnen. Es kam hinzu, daß sich auch die innere Einstellung zur Rechtsvergleichung bei manchen für die Freiburger Institutsgründung wichtigen Stellen geändert hatte. War früher die Rechtsvergleichung als eine Angelegenheit streng wissenschaftlicher Forschung und uneigennützigen sachlichen Austauschs betrachtet worden, so begannen jetzt politisch-propagandistische Hintergedanken mitzusprechen, die, mochte sie Schönke auch noch so energisch ablehnen, die Freiburger Bemühungen im Ausland diskreditieren mußten. Aber ganz abgesehen davon waren die internationalen Kontakte für einen Deutschen im Spätjahr 1938 überhaupt schon sehr erschwert. Insbesondere hatte der fühlbare Verlust des moralischen Ansehens Deutschlands in der Welt mehr und mehr jenes Klima persönlichen Vertrauens beeinträchtigt, dessen man bedarf, um hinter die Kulissen einer fremden Rechtsordnung blicken zu können. Mit dem Kriegsausbruch begann die für die Rechtsvergleichung lebensbedrohende jahrelange Abgeschlossenheit der deutschen Wissenschaft von der Außenwelt. Wenn man eine friedliche, auf Sicherheit und gegenseitigem Vertrauen ruhende politische Gesamtsituation als die Vorbedingung einer Institutsgründung auf dem Gebiet der Rechtsvergleichung betrachtet, so war jedenfalls der Zeitpunkt des Jahres 1938 für die Freiburger Pläne Schönkes denkbar ungünstig.

Alle diese Umstände trugen dazu bei, daß das Institut zunächst nicht in dem Rahmen eingerichtet werden konnte, der für eine voll arbeitsfähige Forschungsstätte erforderlich gewesen wäre. Vielmehr mußte Schönke sein Institut aus kleinen Anfängen mit Gleichmut und Geduld durch unaufhörliche Mühseligkeiten langsam und zielbewußt weiterentwickeln. Die Idee einer großzügigen Institutsgründung für die Strafrechtsvergleichung wurde zwar noch durch das Reichsjustizministerium an die Kaiser-Wilhelm-Gesellschaft herangetragen, doch setzte der Kriegsausbruch solchen hochfliegenden Plänen alsbald ein Ende. Es blieb dabei, daß das Freiburger Institut als bescheidenes Universitätsseminar mit einer Erstausstattung von 5000 RM für die Bibliothek und von 600 RM für Möbel sowie einem laufenden Aversum von jährlich 1000 RM beginnen mußte. Assistenten und Schreibkräfte waren nicht vorgesehen. Schönke hat lange um eine Halbtagsstelle für eine Sekretärin kämpfen müssen, deren Beschäftigungsauftrag dann von Vierteljahr zu Vierteljahr „ausnahmsweise" verlängert wurde. Nachdem schließlich eine Assistentenstelle bewilligt war, konnte sie wegen der Kriegsverhältnisse nicht mehr besetzt werden. Räumlich war das Seminar auf ein einziges Zimmer beschränkt, das man obendrein noch mit dem Seminar für internationales Privatrecht zu teilen hatte. Die geringen Mittel des Aversums reichten nicht aus, um auch nur die notwendigsten Erwerbungen für die Bibliothek durchzuführen. Die Anfänge waren also wahrhaft entmutigend, und es bedurfte der ganzen Willens- und Arbeitskraft eines ungewöhnlichen Mannes, um der Schwierigkeiten nach und nach Herr zu werden.

Schönke erwies sich bald als ein Meister der Aushilfen. Dank seiner guten Verbindungen zu verschiedenen Zentralstellen gelang es ihm, für den Aufbau der Bibliothek Zuwendungen der Deutschen Forschungsgemeinschaft, des Auswärtigen Amts und des Reichsjustizministeriums zu erhalten und die ursprünglich nur als einmalige Beihilfen gewährten Zuschüsse Jahr für Jahr bis zum Kriegsende erneuert zu bekommen, was aber nur durch einen die eigene Arbeitskraft verzehrenden Schriftwechsel zu erreichen war. Insbesondere das Reichsjustizministerium war bemüht, die Anfangsnöte überwinden zu helfen. Den bekannten Schwierigkeiten auf dem Gebiet der Beschaffung ausländischer Literatur in der Zeit der Devisenbewirtschaftung versuchte Schönke wenigstens in gewissen Grenzen dadurch abzuhelfen, daß er Tauschbeziehungen mit ausländischen Gelehrten und Instituten anknüpfte, die übrigens auch nach dem Kriege noch jahrelang in Gang blieben, bis eine freiere Wirtschaftslage es wieder gestattete, auf derartige zeitraubende Umwege zu verzichten. Amerikanische Rechtszeitschriften erreichten das Institut bis zum Jahre 1941 über das Amerika-Institut und die Botschaft der USA in Berlin. Juristische Fachzeitschriften aus den Ländern, mit denen sich Deutschland im Kriege befand, kaufte die Preußische Staatsbibliothek in Berlin in jeweils einem Exemplar über das neutrale Ausland; das Freiburger Seminar erhielt die strafrechtlichen Neuerwerbungen zur Einsicht und konnte sich dadurch einigermaßen auf dem laufenden halten. Die Tauschbeziehungen mit Italien und der Schweiz blieben während des ganzen Krieges aufrecht erhalten, auch der direkte Verkehr mit den skandinavischen Ländern kam niemals ganz zum Erliegen. Durch Vermittlung der Reichstauschstelle in Berlin bekam das Freiburger Seminar mehrere hundert Doppelstücke aus der Bibliothek des Reichsjustizministeriums und aus den Beständen der deutschen Gerichte. Alle diese Bemühungen hatten im ganzen genommen einen beträchtlichen Erfolg. Umfaßte die Bibliothek des Seminars zu Beginn des Krieges 1200 Bände, so waren es bei Kriegsende über 5000 Bände. In diesen Zahlen drückt sich eine Leistung aus, die jeder Kenner der damaligen Verhältnisse zu würdigen weiß. Die Umwege, die man während des Krieges gehen mußte, um die Bibliothek weiterzuführen, sind heute vergessen, lebendig geblieben aber ist die Dankbarkeit gegenüber denen, die damals geholfen haben, insbesondere gegenüber den Tauschpartnern jenseits der Grenzen. Das Institut ist heute bemüht, Gelehrten im Ausland, die sich in ähnlichen Schwierigkeiten bei der Bücherbeschaffung befinden, in gleicher Weise behilflich zu sein.

Am 27. November 1944 wurde Freiburg durch einen Luftangriff betroffen, der auch die Universität teilweise zerstörte. Auch der Seminarraum wurde in Mitleidenschaft gezogen, doch hatte man die wichtigsten Teile der Bibliothek vorher im Kloster Birnau am Bodensee in Sicherheit gebracht. Eine wissenschaftliche Arbeit war jedoch unter den Bedingungen des letzten Kriegswinters nicht mehr möglich.

III. Die Entwicklung von 1945 bis 1954

Im Sommer 1945 war die Universität Freiburg geschlossen, aber schon im Wintersemester 1945/46 wurde die Lehrtätigkeit trotz mannigfacher Schwierigkeiten wieder aufgenommen. Schönke setzte sofort alles daran, die Leistungsfähigkeit des Seminars für ausländisches und internationales Strafrecht wiederherzustellen, da sein Arbeitsgebiet durch die Nürnberger Prozesse und andere Strafverfahren gegen deutsche Staatsangehörige vor ausländischen Gerichten im In- und Ausland mit einem Mal in den Mittelpunkt des Interesses gerückt war. Verteidiger und Angeklagte, aber auch deutsche Behörden standen vielfach ratlos vor dem fremden Recht und baten Schönke um Gutachten und Auskünfte. Um hier wirksam helfen zu können, kam es darauf an, Sachkunde zu erwerben, Material zu beschaffen, Literatur beizubringen und Verbindungen mit Besatzungsbehörden und anderen ausländischen Stellen anzuknüpfen. Vor allem mußten die durch den Krieg entstandenen Lücken in der Bibliothek, insbesondere in den Länderabteilungen der ehemals feindlichen Staaten, geschlossen und die Bibliotheksbestände im ganzen weiter ausgebaut werden. Zu diesem Zwecke galt es, das Seminar finanziell auf eine neue Grundlage zu stellen, weil nach dem Zusammenbruch die frühere Unterstützung durch die Deutsche Forschungsgemeinschaft, das Auswärtige Amt und das Reichsjustizministerium weggefallen war. Von besonderer Bedeutung war es weiter, die durch den Krieg unterbrochenen wissenschaftlichen Verbindungen zum Ausland wieder anzuknüpfen. Welche Schwierigkeiten dabei nach dem Kriege zu überwinden waren, dafür zeugen die unablässigen persönlichen Bemühungen Schönkes, die in einem umfangreichen Briefwechsel Ausdruck fanden. Enttäuschungen blieben nicht aus, manche alten Beziehungen waren zerstört und konnten nicht wiederhergestellt werden. Aber ganz überwiegend war doch die Zahl der früheren Freunde, die sich nicht versagten, sondern Schönke trotz der Erschütterungen des Krieges die Hand reichten und zum Wiederaufbau der deutschen Auslandsbeziehungen auf dem Gebiete des Strafrechts beitrugen.

Im Innern gelang es dagegen nur langsam, der Schwierigkeiten der ersten Nachkriegsjahre Herr zu werden. Die Arbeitsbedingungen in dem teilweise beschädigten Seminarraum — dem einzigen, den man Schönke damals bewilligen konnte — waren denkbar ungünstig. Die Rückführung der ausgelagerten Bücherbestände vom Kloster Birnau nach Freiburg bereitete die in jener Zeit üblichen Schwierigkeiten. Immerhin waren die Bücher im wesentlichen noch vorhanden, während andere Institute von vorn anfangen mußten. An einen Ausbau der ausländischen Abteilungen der Bibliothek aus eigenen Mitteln war jedoch vorläufig nicht zu denken, da das geringe Aversum kaum für die deutschen Neuerscheinungen und die wenigen juristischen Fachzeitschriften der ersten Nachkriegszeit ausreichte. In dieser Not kam das Ausland in großzügiger Weise zu Hilfe. Mit Unterstützung der französischen Militärregierung gelang es, die Nummern der französischen Fachzeitschriften zu beziehen, die während der sechs Kriegsjahre nicht hatten beschafft werden können. Aus der Schweiz, aus Schweden und aus den USA gingen dem Seminar wertvolle Bücherspenden zu. Das juristische Seminar der Universität wurde an der McCloy-Spende der amerikanischen Regierung beteiligt. Das übrige taten die altbewährten Austauschbeziehungen.

Weniger Schwierigkeiten bereitete die personelle Besetzung des Seminars. Für die Assistentenstelle und die im Jahre 1947 neu geschaffene Hilfsassistentenstelle konnten fachlich und persönlich geeignete Kräfte gewonnen werden. Dem Idealismus und der Tüchtigkeit aller Mitarbeiter sowie auch der freiwilligen studentischen Helfer ist es hauptsächlich zu verdanken, daß das Seminar die Schwierigkeiten der ersten Nachkriegszeit überwinden und nach der Währungsreform rasch eine bedeutende Entwicklung nehmen konnte. Ende 1947 wurde das Seminar zum Zeichen der weitreichenden Pläne, die Schönke verfolgte, in „Institut für ausländisches und internationales Strafrecht" umbenannt.

Seit der Gründung der Bundesrepublik Deutschland im Jahre 1949 machte der Aufbau des Freiburger Instituts rasche Fortschritte. Nachdem Schönke im Jahre 1949 einen Ruf an die Universität Köln abgelehnt hatte, bewilligte die Landesregierung ihm Sonderzuschüsse aus den Mitteln für überregionale Forschungsinstitute, die das Universitätsaversum um ein Mehrfaches übertrafen. Das Bundesjustizministerium nahm das Institut mit Gutachten für die Vorbereitung der strafrechtlichen Gesetzgebungsarbeit in Anspruch.

Die ersten sichtbaren Erfolge der Bemühungen, die für das Institut lebenswichtigen Auslandsbeziehungen wieder zu begründen, stellten sich ein. Insbesondere gelang es Schönke, die Zusammenarbeit mit den internationalen Fachvereinigungen auf dem Gebiete des Strafrechts, die seit 1933, teilweise sogar seit 1914 darniederlag, wieder in Gang zu bringen. Eine wichtige Voraussetzung dafür war, daß das Institut sich international einen Namen gemacht hatte und Schönke als organisatorische Grundlage für seine weitverzweigten Auslandsbeziehungen dienen konnte. Im Jahre 1946 erhielt Schönke eine Einladung zur ersten Nachkriegstagung der Association Internationale de Droit Pénal und des Bureau International pour l'Unification du Droit Pénal nach Paris; an beiden Veranstaltungen konnte er teilnehmen[6]. Manchmal

[6] Vgl. *Schönkes* Bericht über diese Tagung, DRZ 1947, 61.

scheiterten aber auch die Bemühungen um Wiederaufnahme der internationalen Zusammenarbeit an innerdeutschen Schwierigkeiten: So konnte Schönke z. B. den Kongreß der Association, der 1947 in Genf stattfand, nicht besuchen, weil die Reisegenehmigung erst nach dem Ende der Veranstaltung bei ihm eintraf. Aus dem gleichen Grunde mußte er auf die Teilnahme an der Tagung der International Bar Association in London im Jahre 1948 verzichten. Im Jahre 1947 unternahm Schönke jedoch auf Einladung der schwedischen Regierung eine mehrmonatige Studienreise nach Schweden, auf der er Vorträge in Stockholm, Lund, Göteborg und Uppsala hielt und das schwedische Strafrecht und Gefängniswesen studieren konnte. In den nächsten Jahren folgten Studienreisen nach Italien, England, Spanien, Finnland und Österreich. Im Jahre 1950 beteiligte er sich am letzten Kongreß der Internationalen Strafrechts- und Gefängniskommission im Haag[7]. Auf diesen Reisen hat Schönke viele wissenschaftliche Beziehungen anknüpfen können, die noch heute der Zusammenarbeit des Instituts mit dem Ausland zugute kommen. Eine Vortragsreise nach Südamerika, die für 1953 vorbereitet war, konnte er nicht mehr ausführen. Ehrenmitgliedschaften von Instituten des Auslandes zeigten die Wertschätzung, die Schönke gerade als Organisator der Rechtsvergleichung genoß. Auch um die Organisation der deutschen Fachvereinigungen für die internationale Zusammenarbeit auf dem Gebiete des Rechtswesens hat sich Schönke bemüht. Er wurde Vorstandsmitglied der 1950 in Tübingen gegründeten Gesellschaft für Rechtsvergleichung und Leiter der strafrechtlichen Fachgruppe, deren Tagungen in Köln und Berlin er vorbereitet und durchgeführt hat. Die Anstrengungen Schönkes erreichten ihren Höhepunkt im Jahre 1952 mit der Gründung der deutschen Gruppe der Association Internationale de Droit Pénal, der Nachfolge-

[7] Vgl. *Schönkes* Bericht über den Kongreß, DRZ 1950, 541, und seinen Bericht über die Auflösung der Kommission im Jahre 1951, ZStW 65, 42.

organisation der alten IKV. Schönke übernahm den Vorsitz der deutschen Landesvereinigung.

Seit 1949 wirkte das Institut unter Schönkes Leitung mit bei der Herausgabe der nunmehr wieder erscheinenden deutschen Literatur auf dem Gebiet des ausländischen Strafrechts und der Strafrechtsvergleichung. Bis in das Jahr 1947 gehen die Versuche zurück, die ZStW als Zentralorgan der deutschen Strafrechtswissenschaft wieder zu beleben. Schönke sollte dabei Mitherausgeber werden und die Auslandsrundschau übernehmen. Das erste Heft der Zeitschrift ist im Sommer 1950 erschienen und enthält im Auslandsteil Länderberichte von *Pfenninger* (Schweiz), *Hurwitz* (Dänemark) und *Honkasalo* (Finnland). 1950 trat Schönke an die Seite von *Schwinge* und *Mezger* als Mitherausgeber der neuen Folge der „Rechtsvergleichenden Untersuchungen zur gesamten Strafrechtswissenschaft". Im Jahre 1952 wurde die „Sammlung außerdeutscher Strafgesetzbücher in deutscher Übersetzung" wieder aufgenommen. Ein weiteres, die Tradition *Franz v. Liszts* fortsetzendes Werk, die neue Darstellung des ausländischen Strafrechts der Gegenwart, hat Schönke vorbereitet[8], der erste Band konnte jedoch erst nach seinem Tode erscheinen. Das Mitteilungsblatt der Fachgruppe Strafrecht in der Gesellschaft für Rechtsvergleichung, das Schönke im Jahre 1950 begründet und zusammen mit *Kielwein* und *Jescheck* herausgegeben hatte, wurde 1953 mit der Auslandsrundschau der ZStW vereinigt; es dient besonders der Publikation von Arbeiten, die im Zusammenhang mit der Tätigkeit des Instituts entstanden sind.

Die wachsenden Aufgaben des Instituts, insbesondere der Ausbau der Bibliothek, steigerten den Finanzbedarf erheblich; auch an eine stärkere personelle Besetzung mußte man jetzt denken. Da das Institut durch die rasche Entwicklung seit 1949 über den Rahmen einer Universitätseinrichtung hinaus-

---

[8] Mitherausgeber: *Mezger* und *Jescheck*.

gewachsen war, stellte sich die Frage einer gerechteren Verteilung der Lasten durch eine überregionale Finanzierung. Schönke wandte sich zunächst an das Bundesjustizministerium und erlangte von dort Zuschüsse, mit denen unter anderem die englische und amerikanische Abteilung erheblich erweitert werden konnten. Das Bundesjustizministerium war am Ausbau des Instituts vor allem im Hinblick auf die rechtsvergleichende Vorbereitung der großen Strafrechtsreform interessiert. Seit dem Jahre 1950 wurden zwischen Staatssekretär Dr. *Strauß* vom Bundesjustizministerium, Staatssekretär Dr. h. c. *Wende* vom Bundesinnenministerium, dem Kultusministerium des Landes Baden (später des Landes Baden-Württemberg) und der Universität Freiburg verschiedene Pläne für die Umwandlung des Instituts in eine gemeinsame Einrichtung des Bundes und der Länder erwogen. Schließlich setzte sich der Gedanke durch, dem Institut die Rechtsform einer öffentlichen Stiftung zu geben, an der sich die Bundesrepublik Deutschland, das Land Baden-Württemberg und die Universität Freiburg mit abgestuften Beiträgen beteiligen sollten. Nachdem der neue Organisationsplan für das Institut im wesentlichen festgelegt war, erhielt Schönke im Oktober 1952 vom Bundesjustizministerium den Auftrag, die rechtsvergleichenden Vorarbeiten zur großen Strafrechtsreform durchzuführen. Die Vorbereitungen für die Umwandlung des Instituts in eine Stiftung standen kurz vor dem Abschluß, als Adolf Schönke am 1. Mai 1953 starb.

Der völlig unerwartete, schwere Verlust, der in der Fachwelt des In- und Auslandes um so mehr betrauert wurde, als Schönke nicht nur Achtung, sondern auch wirkliche Freundschaft genossen hatte, traf das Institut mitten in der Phase der Neuorganisation. Bis zuletzt hatte Schönke an diesen Plänen gearbeitet. In seinem Nachruf hob *Edmund Mezger* mit Recht hervor, daß im Mittelpunkt der internationalen Arbeit Schönkes das Institut gestanden habe, das „heute den unbestrittenen Vorrang für strafrechtsvergleichende

Arbeit in deutschen Landen besitzt und das sein ganz persönliches Werk ist“[9].

Nach Schönkes Tode zeigte es sich, wie richtig er gehandelt hatte, als er das Institut von vornherein als überpersönliche, auf die Dauer berechnete Forschungsstätte anlegte. Die zahlreichen Aufgaben, die Schönke in seiner Person vereinigt hatte, konnten auf seine Mitarbeiter verteilt und auf diese Weise weitergeführt werden. Dr. *Kielwein*, der langjährige Assistent Schönkes, jetzt Professor in Saarbrücken und derzeitiger Rektor der Universität des Saarlandes, übernahm kommissarisch die Leitung des Instituts mit der Bibliothek, sowie einen Teil der Herausgebertätigkeit und die Auslandskorrespondenz. Die rechtsvergleichenden Arbeiten zur materiellen Strafrechtsreform betreute bis zu seiner Ernennung zum Bundesrichter Professor Dr. *Lang-Hinrichsen*, Bamberg. Die vorläufige Geschäftsführung für die strafrechtlichen Vereinigungen übernahm mit organisatorischer Unterstützung des Instituts *Edmund Mezger*.

IV. Die Entwicklung des Instituts von 1954 bis zur Gegenwart

Ein tragisches Geschick hat es Schönke verwehrt, die drei wesentlichen Ereignisse in der Geschichte des Instituts mitzuerleben, für die er Jahre hindurch weitblickend, geduldig und behutsam gearbeitet hat. Es waren dies die Wiederherstellung der Gleichberechtigung der deutschen Strafrechtswissenschaft auf den großen internationalen Kongressen nach dem Kriege, der Abschluß der rechtsvergleichenden Vorarbeiten zur Strafrechtsreform und die Umwandlung des Instituts aus einer in ihren Möglichkeiten beschränkten Einrichtung der Universität in eine öffentliche Stiftung. Das erste dieser drei Ereignisse dokumen-

[9] NJW 1953, 814. Vgl. auch die Nachrufe von *Bader*, JZ 1953, 350; *Richard Lange*, ZStW 65, 159; *Graven*, Revue Internationale de Criminologie et de Police Technique 1953, 229; sowie die Gedenkrede von *Erik Wolf*, Karlsruhe, 1953.

tierte die allmähliche Überwindung der zum Teil seit Jahrzehnten bestehenden Isolierung der deutschen Strafrechtswissenschaft, woran Schönke sowohl im Hinblick auf die Institutsarbeit wie auch aus allgemeinen Gründen sehr viel gelegen war; das zweite bewies die Leistungsfähigkeit des Instituts bei Erfüllung eines großen amtlichen Auftrags; das dritte erschloß Schönkes Werk die finanziellen Hilfsquellen, die notwendig waren, um den nach allen Richtungen sich ausweitenden Aufgaben gerecht werden zu können.

Zum Nachfolger Schönkes auf dem Lehrstuhl für deutsches und ausländisches Strafrecht und Direktor des Instituts wurde der Ministerialrat im Bundesjustizministerium und Privatdozent Dr. *Hans-Heinrich Jescheck* in Bonn berufen. Er übernahm das neue Amt am 1. April 1954. Am Tage seiner Antrittsvorlesung, dem 14. Juni 1954[10], wurde im Rektorat der Albert-Ludwigs-Universität die letzte Unterschrift unter die Urkunde[11] vollzogen, die dem Institut seine neue Rechtsform als öffentliche Stiftung des privaten Rechts gab. Träger der Stiftung sind die Bundesrepublik, das Land Baden-Württemberg und die Universität Freiburg. Vertreter der drei Beteiligten bilden den Stiftungsrat, der jährlich mindestens einmal mit dem Institutsdirektor zusammentritt, um den Haushaltsplan und die Richtlinien für die wissenschaftliche Arbeit festzulegen. Der Bund verpflichtete sich zur Leistung regelmäßiger Zuschüsse. Das Land stellte außer finanziellen Zuwendungen einen wissenschaftlichen Assistenten und eine Schreibkraft zur Verfügung. Die Universität brachte die bisherigen Bücherbestände und das Inventar ein. Das ursprünglich vorgesehene Verhältnis der Beiträge blieb jedoch nicht bestehen, da sich im Laufe der Jahre die Aufwendungen zu Lasten des Landes verschoben, weil vor allem die steigenden Personal- und Raumbedürfnisse durch zusätzliche Leistun-

[10] *Jescheck*, Entwicklung, Aufgaben und Methoden der Strafrechtsvergleichung, Tübingen, 1955.

[11] Vgl. Anhang, S. 43.

gen von dieser Seite erfüllt werden mußten. Aber auch der Bund erhöhte seine Zuwendungen beträchtlich. Die Zahl der wissenschaftlichen Assistenten war anfangs bei weitem nicht ausreichend, um die erforderlichen Referentenstellen zu besetzen. Das Institut mußte daher im wesentlichen mit wissenschaftlichen Hilfskräften arbeiten. Auch eine Bibliothekarin konnte erst jetzt angestellt werden, was bei der Größe der Bibliothek, die zur Zeit der Umwandlung 18000 Bände umfaßte, unbedingt erforderlich geworden war[12]. Mit der neuen Finanzausstattung konnte endlich der volle Ausbau der Bibliothek erreicht werden. Die nachfolgende Übersicht zeigt, wie sich der Bücherbestand entwickelt hat und welche Beträge jährlich für die Bibliothek ausgegeben wurden:

1953:	12000 Bände	
1954:	18000 "	51192,60 DM
1955:	20961 "	30793,28 DM
1956:	22804 "	29112,10 DM
1957:	24961 "	30364,98 DM
1958:	27082 "	43108,19 DM
1959:	29504 "	47502,82 DM
1960:	30776 "	24400,— DM
1961:	33322 "	55609,— DM
1962:	36209 "	55838,37 DM

Da der im Kollegiengebäude der Universität zur Verfügung stehende Raum bei dem raschen Wachstum der Bibliothek nicht mehr ausreichte, zog das Institut im April 1956 in das Haus Günterstalstraße 72 um, das das Land Baden-Württemberg für die Universität gekauft hatte. Im Jahre 1959 konnte das Land noch das Nachbargrundstück Günterstalstraße 70 hinzuerwerben. In das zweite Haus teilt

[12] Die Anzahl der Mitarbeiter mußte seitdem ständig erhöht werden und stellt sich heute so dar, wie aus dem Mitarbeiterverzeichnis im Anhang, S. 48, ersichtlich ist.

sich das Institut mit dem Institut für Kriminologie und Strafvollzugskunde, das Professor Dr. *Erik Wolf* im Jahre 1930 gegründet hat und das jetzt unter der Leitung von Professor Dr. *Thomas Würtenberger* steht. Die beiden Grundstücke bilden eine Einheit, die Institutsgebäude sind zwei geräumige, zu Anfang des Jahrhunderts gebaute Villen, die zwar am Stadtrand, aber vom Zentrum der Universität nicht weit entfernt liegen. Die räumliche Nachbarschaft von Strafrecht und Kriminologie läßt das ideale Verhältnis der beiden Wissenschaften sinnfällig in Erscheinung treten. Eine weitere Neuerung für das Institut war der Aufbau einer nach dem internationalen Dezimalklassifikationssystem eingerichteten Dokumentation der deutschen und ausländischen Fachzeitschriften auf Karteikarten. Im Jahre 1955 erschien der erste Band der Reihe „Das ausländische Strafrecht der Gegenwart". An die rechtsvergleichenden Arbeiten zur Vorbereitung der Reform des materiellen Strafrechts, die 1955 beendet waren, schlossen sich in den Jahren 1957 bis 1959 rechtsvergleichende Arbeiten zur Strafvollzugs- und Strafregisterreform an, die ebenfalls im Auftrag des Bundesjustizministeriums durchgeführt wurden. Gegenwärtig rüstet sich das Institut für die rechtsvergleichenden Vorarbeiten zur Strafprozeßreform. Eine Reihe von Themen aus dem Strafprozeßrecht, die für die deutsche Situation besonders wichtig erscheinen, werden als Grundlage eines umfassenderen Arbeitsvorhabens in Dissertationen rechtsvergleichend behandelt. Im Sommersemester 1964 wird Professor *Monrad Paulsen* von der Columbia-Universität in New York im Institut ein rechtsvergleichendes Seminar über die hauptsächlichen Strukturunterschiede zwischen dem amerikanischen und dem deutschen Strafprozeßrecht abhalten.

In den letzten Jahren haben sich die unmittelbaren persönlichen Beziehungen des Instituts zum Ausland dank der größeren finanziellen und räumlichen Bewegungsfreiheit wesentlich erweitert und vermehrt. Eine wichtige Rolle als ständige Einrichtung spielen dabei die von ausländischen Gelehrten und Praktikern gehaltenen wissenschaftlichen Vorträge, die den Mitgliedern der Rechts- und Staatswissenschaftlichen Fakultät, den Mitarbeitern des Instituts, den Studenten der Universität Freiburg und interessierten Persönlichkeiten aus der Praxis von fachkundiger Seite einen laufenden Überblick über aktuelle Entwicklungen und Probleme auf dem Gebiete des Strafrechts im Ausland gewähren[13], wobei auch Vorträge in fremder Sprache nicht gescheut werden, sondern aus manchen Gründen besonders erwünscht sind. Erheblich zugenommen hat auch die Zahl der ausländischen Gelehrten, Habilitanden und Doktoranden, die das Institut für kürzere oder längere Zeit zu Forschungs- oder Studienzwecken besuchen, um sich vor allem der vielfältigen Arbeitsmöglichkeiten der Bibliothek zu bedienen. Im Austausch haben wiederholt Assistenten des Instituts bei Studienaufenthalten in Frankreich, England, Spanien, Italien und USA die wissenschaftliche Gastfreundschaft des Auslands genießen dürfen, insbesondere sind mehrere Mitarbeiter nacheinander Gastassistenten am Institut de Droit Comparé in Paris gewesen. Unter den im Institut tätigen Ausländern sind die meisten europäischen Nationen vertreten. Das Institut bemüht sich aber auch darum, wissenschaftliche Beziehungen zu den Ländern herzustellen, die, wie die jungen afrikanischen Staaten, erst in den letzten Jahren unabhängig geworden sind oder die, wie die südostasiatischen Länder, der deutschen strafrechtsvergleichenden Forschung aus verschiedenen Gründen bisher noch weitgehend verschlossen waren. Auch die politisch-ideologischen Grenzlinien, die die Welt durchschneiden, haben sich nicht immer als unüberwindliche Hindernisse erwiesen; so konnte eine Mitarbeiterin des Instituts im Rahmen des deutsch-sowjetischen Kulturabkommens ein Jahr an der Universität Moskau studieren, während polnische, jugoslawische und tsche-

---

[13] Vgl. Anhang, S. 50.

choslowakische Strafrechtler, zum Teil auch zu längerem Aufenthalt, nach Freiburg gekommen sind.

Ein besonderer Gewinn für die Auslandsbeziehungen, aber auch für die eigene Forschungstätigkeit des Instituts ist die Tatsache, daß es in den letzten Jahren regelmäßig möglich gewesen ist, ausländische Gelehrte als Gastprofessoren zu gewinnen, die, zum Teil in fremder Sprache, rechtsvergleichende Seminare für die Mitarbeiter des Instituts, die Doktoranden und besonders qualifizierte Studenten abgehalten haben. Bisher haben folgende Lehrveranstaltungen dieser Art stattgefunden:

Professor Dr. *Gerhard O. W. Mueller*, J. D., LL. M., Universität New York: Rechtsvergleichendes Seminar (SS 1959),

Professor Dr. *Richard Honig* (Universität Göttingen), jetzt New York: Rechtsvergleichendes Seminar über amerikanisches Strafrecht (SS 1961),

Jerome Hall, Distinguished Service Professor of Law an der Universität Indiana in Bloomington (USA): Seminar of American Criminal Law on a Comparative Basis; Seminar on Legal Philosophy (SS 1961),

Dozent Dr. *Georgios Mangakis*, Universität Athen: Seminar über die strafrechtliche Schuld in rechtsvergleichender Betrachtung (WS 1962/63),

Professor Dr. *Richard Honig* (Universität Göttingen), jetzt New York: Seminar über den deutschen Strafgesetzentwurf und den amerikanischen Model Penal Code (SS 1963).

Der Erfolg dieser Veranstaltungen für den Erwerb tiefergehender Kenntnisse des Auslandsrechts und der es bestimmenden politischen, psychologischen und soziologischen Gegebenheiten ist so offenkundig, daß das Institut sich in seinen Bemühungen voll bestätigt sieht und weitere Gastprofessuren vorzubereiten bemüht ist.

B. AUFGABEN UND TÄTIGKEIT DES INSTITUTS

I. Die Aufgaben des Instituts

Das Institut dient der wissenschaftlichen Forschung auf dem Gebiet des deutschen, ausländischen und internationalen Strafrechts und der Strafrechtsvergleichung. Der Begriff Strafrecht ist dabei im weitesten Sinne zu verstehen: Er umfaßt außer dem materiellen Strafrecht das Strafverfahrensrecht, das Strafvollstreckungsrecht, das Gefängniswesen, die Strafrechtsgeschichte, die Strafrechtsphilosophie und diejenigen Gebiete, die als strafrechtliche Hilfswissenschaften bezeichnet werden. Nur die Kriminologie wird im Institut nicht als eigenes Forschungsgebiet gepflegt, weil dafür in Freiburg, wie gesagt, ein gesondertes Fachinstitut besteht, mit dem das Institut eng zusammenarbeitet. Als Einrichtung der Rechtsvergleichung steht das Institut auch ausländischen Benutzern für Studien- und Forschungszwecke in den Grenzen seiner räumlichen Möglichkeiten jederzeit frei zur Verfügung. Das Institut dient der Universität Freiburg auch als strafrechtliches Fachinstitut. Es ist durch seine über das Strafrecht weit hinausreichenden ausländischen Zeitschriftenbestände zugleich für die Rechtsvergleichung auf dem Gebiete des bürgerlichen und öffentlichen Rechts bedeutsam. Abgesehen von den Seminaren, die ausländische Gastprofessoren oder der Institutsdirektor abhalten und die auch hauptsächlich Forschungszwecken gewidmet sind, übernimmt das Institut keine Lehraufgaben. Es finden keine rechtsvergleichenden Kurse statt, es werden keine Prüfungen abgenommen und es kann hier auch kein Diplom auf dem Gebiet der Rechtsvergleichung erworben werden. Für die Promotion sind ausschließlich die Bestimmungen der Promotionsordnung der Rechts- und Staatswissenschaftlichen Fakultät maßgebend.

II. Die Tätigkeit des Instituts

Dieser seiner Gesamtaufgabe versucht das Institut auf verschiedenen Wegen zu dienen. Im Vordergrund der laufenden Tätigkeit steht die Mitwirkung bei der Herausgabe von Veröffentlichungen auf dem Gebiet des ausländischen und internationalen Strafrechts und der Strafrechtsvergleichung. Der Anteil des Instituts geht dabei über organisatorische Vorbereitungen erheblich hinaus und hat oft den Charakter wissenschaftlicher Hilfe und Beratung. Das Institut ist ferner Träger der rechtsvergleichenden Vorarbeiten für strafgesetzgeberische Pläne, insbesondere für die Strafrechts-, Strafvollzugs- und Strafprozeßreform. Zunehmende Bedeutung innerhalb der Gesamttätigkeit des Instituts haben ferner die Gutachten und Auskünfte gewonnen. Endlich ist die Mitwirkung des Instituts an der Vorbereitung der deutschen Beteiligung an den internationalen Strafrechtskongressen zu nennen. Hinzu tritt die Arbeit an der Dokumentation und am Aufbau der Bibliothek. Im einzelnen ist zur Tätigkeit des Instituts auf diesen Gebieten folgendes zu bemerken:

1. Veröffentlichungen

a) Innerhalb der Zeitschrift für die gesamte Strafrechtswissenschaft (Verlag Walter de Gruyter, Berlin) ist das Institut für den Auslandsteil verantwortlich. Die Bezeichnung „Mitteilungsblatt der Fachgruppe Strafrecht in der Gesellschaft für Rechtsvergleichung" wurde beibehalten, doch wurde zur Wahrung der Kontinuität der traditionelle Untertitel „Auslandsrundschau der ZStW" hinzugefügt. Das Mitteilungsblatt erscheint jährlich viermal als Teil der ZStW in einem Gesamtumfang von 12—15 Bogen, es ist selbständig beziehbar und wird in etwa 100 Exemplaren ins Ausland versandt. Veröffentlicht werden hier Abhandlungen und Aufsätze ausländischer Autoren sowie deutscher Autoren über ausländisches Recht, Berichte über die Entwicklung der Gesetzgebung und Rechtsprechung im Ausland, Literaturbesprechungen und Berichte über internationale Strafrechtskongresse und andere das Fachgebiet des Instituts berührende Tagungen mit Übersetzung der Entschließungen.

b) Das Institut betreut ferner die Sammlung „Das ausländische Strafrecht der Gegenwart" (Verlag Duncker & Humblot, Berlin), herausgegeben von *Mezger* †, *Schönke* † und *Jescheck*. Bisher sind folgende Bände erschienen:

Band I (1955): Argentinien (*Nuñez*); Dänemark (*Markus*); Japan (*Saito*); Jugoslawien (*Munda*),

Band II (1957): Finnland (*Honkasalo*); Schweiz (*Pfenninger*); Tschechoslowakei (*Schmied*),

Band III (1959): Chile (*Fontecilla Riquelme*); Großbritannien (*Grünhut*); Griechenland (*Mangakis* und *Gafos*); Österreich (*Nowakowski*),

Band IV (1962): USA (*Honig*); Norwegen (*Andenaes*); Türkei (*Önder*).

Die einzelnen Beiträge sollen nicht nur Auslandsrechtskunde vermitteln, sondern auch unmittelbar der Rechtsvergleichung dienen. Die Autoren sind deshalb unter dem Gesichtspunkt ausgewählt worden, daß sie nicht nur das Strafrecht des darzustellenden Landes beherrschen, sondern auch das deutsche Strafrecht kennen. Die Beiträge bieten die dogmatischen Grundzüge des ausländischen Strafrechts dar, sollen zugleich aber auch den Zugang zu den geschichtlichen Grundlagen der betreffenden Rechtsordnung und zur Rechtsprechung erschließen.

c) Ausgangspunkt und Grundlage der Rechtsvergleichung sind die ausländischen Gesetzestexte, insbesondere die Texte der Strafgesetzbücher und Strafprozeßordnungen. Das Institut legt deshalb großen Wert darauf, die von *Liszt* begründete „Sammlung außerdeutscher Strafgesetzbücher in deutscher Übersetzung“ (Verlag Walter de Gruyter, Berlin), herausgegeben von *Jescheck* und *Kielwein*, durch Neuauflagen auf dem laufenden zu halten und immer mehr Länder zu erfassen. Die Sammlung enthält nicht nur geltendes Recht, sondern auch wichtige Entwürfe und nicht nur Strafgesetzbücher, sondern auch Strafprozeßordnungen. Die Übersetzungen sollen nach Möglichkeit mit einer wissenschaftlichen Einleitung versehen sein. In den letzten Jahren sind folgende Hefte erschienen:

Das argentinische Strafgesetzbuch (Übersetzer: *Mattes*), 1957.

Das cubanische Gesetzbuch der sozialen Verteidigung (Übersetzer: *Blau*), 1957.

Das bulgarische Strafgesetzbuch (Übersetzerin: *Thea Lyon*), 1957.

Die ungarische Strafprozeßordnung (Übersetzer: *Heller*), 1958.

Das belgische Strafgesetzbuch (Übersetzer: *H. Grützner* und *Gisela von Kieckebusch*), 1958.

Das niederländische Strafgesetzbuch (Übersetzer: *Toebelmann*), 1959.

Die ungarischen Strafgesetze (Übersetzer: *Mezöfy*), 1960.

Das jugoslawische Strafgesetzbuch (Übersetzer: *Munda*), 1961.

Das allgemeine isländische Strafgesetz (Übersetzer: *G. A.* und *Sigrun Sveinsson*), 1961.

Das portugiesische Strafgesetzbuch (Übersetzer: *Basedau*), 1962.

Das rumänische Strafgesetzbuch, herausgegeben zusammen mit dem Institut für Ostrecht, München (Übersetzer: *Paula Tiefenthaler* und *A. Provasi*), 1963.

Der Vorentwurf eines japanischen Strafgesetzbuchs 1961 (Übersetzer: *Saito*), 1963.

d) Die vom Institut betreute Reihe „Rechtsvergleichende Untersuchungen zur gesamten Strafrechtswissenschaft" (Verlag Ludwig Röhrscheid, Bonn), herausgegeben von *Mezger* † und *Jescheck*, ist eine Sammlung von Schriften auslandsrechtlichen, international-strafrechtlichen und strafrechtsvergleichenden Inhalts. Sie dient der Veröffentlichung von Habilitationsarbeiten und besonders qualifizierten Dissertationen. Mehrere Autoren dieser Reihe sind gegenwärtige oder frühere Mitarbeiter des Instituts[14].

e) Das Institut hat ferner die Veröffentlichung verschiedener Sammlungen von Vorträgen und Aufsätzen vorbereitet oder bei deren Vorbereitung mitgeholfen, die anläßlich von Kongressen und Tagungen erschienen sind. Zu nennen sind hier:

Das Sonderheft der ZStW mit den deutschen Beiträgen für den VII. Internationalen Strafrechtskongreß in Athen

[14] So *Blau*: Gefährlichkeitsbegriff und sichernde Maßregeln im ibero-amerikanischen Strafrecht, 1951; *Jescheck*: Die Verantwortlichkeit der Staatsorgane nach Völkerstrafrecht, 1952; *Kielwein*: Die Straftaten gegen das Vermögen im englischen Recht, 1955; *Lyon*: Der Verbrechensbegriff in der Strafrechtswissenschaft der DDR, 1960; *Herrmann*: Die Anwendbarkeit des politischen Strafrechts auf Deutsche im Verhältnis zwischen der Bundesrepublik Deutschland und der Deutschen Demokratischen Republik, 1960; *Lehmann*: Die Bestrafung des Versuchs nach deutschem und amerikanischen Recht, 1962.

1957 (herausgegeben von *Mezger*, *Lange* und *Jescheck*), Berlin, 1957.

Das „Internationale Colloquium über Kriminologie und Strafrechtsreform“, erschienen anläßlich der 500-Jahrfeier der Universität Freiburg mit Vorträgen von *Frey*, *Graven*, *Hurwitz* und *Röling* (herausgegeben von *Jescheck* und *Würtenberger*), Freiburg, 1958.

Das Heft Nr. 4 des Jahrgangs 1961 der Revue Internationale de Droit Pénal zur Vorbereitung des Themas IV des VIII. Internationalen Strafrechtskongresses in Lissabon im September 1961 („L'application de la loi pénale étrangère par le juge national“).

Zwei Hefte der „Arbeiten zur Rechtsvergleichung“ (Alfred Metzner Verlag, Frankfurt a. M.), nämlich:

Mannheim, *Joseph* und *Sieverts*: Die kriminalrechtliche Behandlung von jungen Rechtsbrechern (über 18 Jahren) in England, Frankreich und der Bundesrepublik Deutschland, 1958. Vorträge auf der Tagung der Gesellschaft für Rechtsvergleichung in Hamburg 1956.

Waaben, *Schultz* und *Léauté*: Die Behandlung der Trunkenheit im Strafrecht, 1960. Vorträge auf der Tagung der Gesellschaft für Rechtsvergleichung in Freiburg i. Br. 1958.

2. Rechtsvergleichende Vorarbeiten zur Strafrechts-, Strafvollzugs- und Strafregisterreform

Die rechtsvergleichenden Vorarbeiten zur Strafrechtsreform im weiteren Sinne behandeln Themen des materiellen Strafrechts, des Strafvollzugswesens und des Strafregisterrechts. Die Arbeiten sind zum Teil von Mitarbeitern des Instituts, zum Teil von auswärtigen Kräften durchgeführt worden und in mehreren Bänden der Materialien zur Strafrechtsreform veröffentlicht. Folgende Arbeiten zum materiellen Strafrecht liegen vor:

Materialien Band 2, 1 (1954): 22 Arbeiten zu Themen des Allgemeinen Teils,

Materialien Band 2, 2 (1955): 30 Arbeiten zu Themen des Besonderen Teils.

In jeder Arbeit sind mindestens die Länder Österreich, Schweiz, England, die Vereinigten Staaten von Nordamerika, Frankreich und Italien behandelt, je nach den Erfordernissen des Themas sind weitere Länder einbezogen worden. Die Ergebnisse sind jeweils am Ende der Arbeiten zusammengestellt. Nur diese vergleichenden Zusammenstellungen sind in den Materialien veröffentlicht, die vollständigen Arbeiten, unter Einschluß der Länderberichte, werden in den Bibliotheken des Bundesjustizministeriums und des Instituts aufbewahrt. Nach den gleichen Grundsätzen sind auch die Arbeiten über 10 Grundthemen des Strafvollzugs aufgebaut, die vollständig in Band 8 (Teil 1, 2 und 3, 1959 und 1960) der Materialien erschienen sind. Band 9 (1960) enthält in deutscher Übersetzung Strafvollzugsvorschriften von Dänemark, England, Frankreich, den Niederlanden, Norwegen und Schweden sowie kantonale Strafvollzugsordnungen aus der Schweiz. Ferner ist zu nennen eine umfangreiche Arbeit über das ausländische Strafregister- und Straftilgungswesen (Band 10 der Materialien, 1959).

3. Gutachten und Auskünfte

In § 2 Abs. 2 der Stiftungssatzung ist vorgesehen, daß das Institut auf seinem Fachgebiet Auskünfte erteilt und wissenschaftliche Gutachten erstattet. Die Anfragen sind inzwischen so zahlreich geworden und betreffen oft so schwierige Rechtsfragen, daß die Kräfte des Instituts im Hinblick auf

Aufnahme Foto-Stober

Institut für ausländisches und internationales Strafrecht in Freiburg i. Br.

die noch nicht abgeschlossene personelle Besetzung stark in Anspruch genommen werden. Früher standen die Kriegsverbrechen mit ihren materiellen und prozessualen Rechtsproblemen im Vordergrund. Heute erstreckt sich die Auskunftstätigkeit des Instituts infolge der außerordentlichen Zunahme der internationalen Verflechtungen auf alle Gebiete des Strafrechts unter Einschluß des oft besonders schwer zu bearbeitenden Nebenstrafrechts, auf das Auslieferungsrecht, das internationale Strafrecht und das internationale Strafprozeßrecht. Die Anfragen gehen von Ministerien, Staatsanwaltschaften, Gerichten, Verteidigern, Verwaltungsbehörden, aber auch von Privatpersonen aus. Hinzu treten wissenschaftliche Anfragen über deutsches Recht aus dem Auslande.

4. Auslandsbeziehungen

Für die Pflege der Auslandsbeziehungen des Instituts ist seine Mitarbeit in den internationalen strafrechtlichen Organisationen wesentlich. Das Institut leistet die organisatorischen und wissenschaftlichen Vorarbeiten für die deutsche Teilnahme an den Kongressen der Association Internationale de Droit Pénal, es hat insbesondere in deren Auftrag das erste Internationale Colloquium über das Thema „Die Anwendung ausländischen Strafrechts durch den nationalen Richter“ im April 1960 durchgeführt. In engeren Grenzen ist das Institut auch bei der Vorbereitung der deutschen Beiträge für die Kongresse der Société Internationale de Défense Sociale und der Société Internationale de Droit Pénal Militaire tätig geworden. Auch die Tagungen der Fachgruppe Strafrecht der Gesellschaft für Rechtsvergleichung werden im Institut vorbereitet. Endlich leistet das Institut die Vorarbeiten für die Berichte, die der Institutsdirektor über die Entwicklung des deutschen Rechts für den Annuaire de législation française et étrangère und als Korrespondent der Bundesrepublik für das Department of Social Affairs des Generalsekretariats der Vereinten Nationen zu erstatten hat.

C. DIE ORGANISATION DES INSTITUTS

Das Institut gliedert sich in eine wissenschaftliche und eine Verwaltungsabteilung. Die Leitung beider Abteilungen obliegt dem Institutsdirektor, der dabei von dem dienstältesten wissenschaftlichen Assistenten (Oberassistent) als seinem Stellvertreter unterstützt wird. Die Verwaltungsarbeit hat in einem wissenschaftlichen Institut selbstverständlich hinter der wissenschaftlichen Arbeit zurückzustehen. Auch in dem Freiburger Institut macht sich jedoch die allgemeine Zeiterscheinung bemerkbar, daß die Verwaltungsarbeit durch die Komplizierung der Lebensverhältnisse und die außerordentliche Zunahme der das Institut betreffenden Fragen immer stärker in den Vordergrund tritt und nur noch schwer nebenbei erledigt werden kann. An eine Lösung dieses Problems, möglicherweise durch Schaffung der Stelle eines „Verwaltungsassistenten", wird man in den nächsten Jahren denken müssen.

I. Die wissenschaftliche Abteilung des Instituts

Die wissenschaftliche Abteilung des Instituts besteht aus dem Institutsdirektor, vier wissenschaftlichen Assistenten, zwei wissenschaftlichen Angestellten, vier wissenschaftlichen Hilfskräften und einem ausländischen Gastassistenten. Die Stellen der wissenschaftlichen Assistenten und wissenschaftlichen Angestellten hat das Land Baden-Württemberg dem Institut zur Verfügung gestellt, die wissenschaftlichen Hilfskräfte und der Gastassistent werden aus Stiftungsmitteln besoldet. Für folgende Gebiete verfügt das Institut zur Zeit über ständige Referenten: Belgien, Großbritannien und Commonwealth-Länder, Frankreich, Griechenland, Italien, National-China, Niederlande, Nordische Staaten, Österreich, Osteuropa, Portugal, Schweiz, Spanien, Südamerika, USA.

Weitere Referate sind für Deutschland und für die Betreuung der Dokumentation eingerichtet[15]. Zur wissenschaftlichen Abteilung gehören ferner die freien Mitarbeiter und die Forschungsstipendiaten, die dem Institutsdirektor mit ihrer Sachkunde zwar ebenfalls zur Verfügung stehen, aber ihre Arbeitszeit und ihre Forschungspläne in eigener Verantwortung bestimmen. Aufgaben der Referenten sind, jeweils auf ihrem Sektor, die Entwürfe für die vom Institut zu erstattenden Gutachten und Auskünfte, die Bearbeitung der vom Institut betreuten Veröffentlichungen, die Entscheidung über die Neuanschaffungen der Bibliothek, die Auswertung der Zeitschriften für die Dokumentation, das Studium der Rechtsentwicklung in den betreffenden Ländern und nicht zuletzt auch die Pflege der fremden Sprachen. Um den Referenten einen Überblick nicht nur über die Rechtsentwicklung, sondern auch über politische, wirtschaftliche und soziale Probleme im Ausland zu geben, hält das Institut außer einigen Zeitschriften allgemeiner Art auch große deutsche und ausländische Tageszeitungen. Durch regelmäßige Abteilungsbesprechungen und den Umlauf der Dokumentationskarten wird der innere Zusammenhang der wissenschaftlichen Abteilung gewahrt, der für die meist eine Gemeinschaftsarbeit erfordernden rechtsvergleichenden Arbeiten besonders wichtig ist.

II. Die Verwaltungsabteilung des Instituts

1. Im Vordergrund der Verwaltungsaufgaben des Instituts steht naturgemäß die Pflege und der Ausbau der Bibliothek, die das weitaus wichtigste Hilfsmittel der rechtsvergleichenden Arbeit darstellt. Bibliothek und wissenschaftliche Forschung sind so eng miteinander verbunden, daß man jene auch als eigenen Bestandteil der wissenschaftlichen Abteilung betrachten könnte, zumal die Bibliotheksarbeit an einem überwiegend fremdsprachlichen Bücherbestand, der ganz

---

[15] Vgl. Anhang, S. 48f.

verschiedene Rechtssysteme repräsentiert, ein hohes Maß an wissenschaftlichem Einfühlungsvermögen verlangt.

Die Institutsbibliothek umfaßt gegenwärtig über 37000 Bände und vergrößert sich laufend; die Wachstumsrate beträgt jährlich 2000—2500 Bände. Das Institut hält etwa 200 wissenschaftliche Zeitschriften und im ganzen etwa 400 Periodika (Gesetzesblätter, Zeitschriften und Rechtssprechungssammlungen, Fortsetzungswerke). Ihre Gliederung verdankt die Bibliothek einem Entwurf des früheren Institutsassistenten Dr. *Geerds*, jetzt Privatdozent an der Universität Kiel, dessen Vorschläge sich voll bewährt haben, insbesondere auch in der Hinsicht, daß es gelungen ist, die angloamerikanischen Rechte in das für die kontinentalen Rechtsordnungen ausgearbeitete Einteilungsschema einzuordnen. Im ganzen dürfte die Institutsbibliothek zu den größten strafrechtlichen Fachbibliotheken überhaupt zählen.

Die Bibliothek besteht aus einer allgemeinen Abteilung, einer völkerrechtlichen und international-strafrechtlichen Abteilung sowie zahlreichen Länderabteilungen; letztere sind sämtlich nach dem gleichen Schema aufgebaut, so daß sich der Benutzer rasch orientieren kann. Sie ist eine in den Arbeitsräumen aufgestellte Präsenzbibliothek, aus der die Benutzer die gewünschten Bücher gegen Einstellen einer Karte ohne jede Formalität frei entnehmen dürfen. Eine Ausleihe findet dagegen grundsätzlich nicht statt.

Die Bibliothek wird unter der Leitung des Institutsdirektors von zwei Diplom-Bibliothekarinnen verwaltet, denen für technische Arbeiten eine weitere Angestellte zur Seite steht. Über die Neuerwerbungen entscheiden die Referenten grundsätzlich unter eigener Verantwortung, nur in Zweifelsfällen und bei besonders hohen Kosten muß die Entscheidung des Institutsdirektors eingeholt werden. Die Durchführung der Neuerwerbungen ist Sache einer als Buchhändlerin ausgebildeten Angestellten. Die Länderabteilungen werden durch Gastassistenten, ausländische Stipendiaten und Besucher aus anderen Ländern laufend überprüft und vervollständigt; diese Hilfe der Gäste ist von großem Wert, weil in der Regel niemand die juristische Literatur eines fremden Landes, ihre Besonderheiten und ihren Rang so gut beurteilen kann wie der ausländische Jurist selbst. Für die deutsche Abteilung (einschließlich des in Mitteldeutschland geltenden Strafrechts) und die wichtigsten Vergleichsländer (Österreich, Schweiz, Frankreich, Italien, Benelux, Spanien, England, Skandinavien, Griechenland, Bundesstrafrecht der USA) wird Vollständigkeit angestrebt. Für andere Länder soll die Bibliothek wenigstens eine gute Informationsmöglichkeit bieten. Auf den Gebieten der Kriminologie und der Strafvollzugskunde werden die Anschaffungen mit dem Nachbarinstitut abgestimmt. Auf den Gebieten des Zivilrechts und des öffentlichen Rechts wird jeweils das der notwendigen Information dienende Standard-Schrifttum gekauft. Wesentliche Fortschritte hat in den letzten Jahren die Osteuropa-Abteilung gemacht, insbesondere ist das Strafrecht der Sowjetunion gut vertreten. Die ostasiatische und die afrikanische Abteilung sind im Aufbau begriffen. Die gesamte Bibliothek des Instituts ist auch im Katalog des Juristischen Seminars der Universität verzeichnet. Neuerwerbungslisten werden vierteljährlich aufgestellt und an interessierte Personen und Einrichtungen versandt.

Das Hauptproblem des Instituts ist die Unterbringung der Bibliothek, weil der Bücherbestand sich der Zahl von 40000 nähert und damit die Möglichkeit der Aufstellung in den ursprünglich Wohnzwecken dienenden Arbeitsräumen ihre natürliche Grenze erreicht. Man hat auch hier Übergangslösungen gesucht. So sind im letzten Jahr unter erheblichen Kosten die Kellerräume beider Häuser trockengelegt worden. Das Institut hat dadurch neue, wenn auch nicht ideale Stellmöglichkeiten gewonnen. Die Errichtung eines modernen Bibliotheksbaus in einer den Erweiterungsbedarf auf lange Sicht befriedigenden Größenordnung ist jedoch eine unabweisbare Notwendigkeit.

2. Die Institutsverwaltung im engeren Sinne muß auskommen mit einer Sekretärin, die zugleich die Personalangelegenheiten bearbeitet, und einer als Halbtagskraft tätigen zweiten Sekretärin. Hinzu tritt für Buchhaltung und Kassengeschäfte ein im Nebenamt tätiger Beamter der Universitätsverwaltung.

Im ganzen bietet das Institut für ausländisches und internationales Strafrecht das Bild eines aus kleinen Anfängen durch vielerlei Aushilfen allmählich entwickelten wissenschaftlichen Arbeitszentrums, das noch manche nur aus der Vergangenheit verständliche Züge des Provisoriums an sich trägt. Insbesondere ist nicht zu übersehen, daß das Institut durch die ihm gestellten Aufgaben gegenwärtig bis an die Grenzen seiner Leistungsfähigkeit in Anspruch genommen wird. Es besteht aber wohl kein Grund, die Wege, die das Institut seit 25 Jahren zur Erfüllung seiner Aufgaben eingeschlagen hat, nicht auch in Zukunft weiterzugehen. In der deutschen Strafrechtswissenschaft nimmt das Institut jedenfalls einen Platz ein, den man sich heute schwerlich unausgefüllt denken könnte. Und was das Verhältnis zum Ausland anlangt, so ist das Institut im Laufe der Jahre zu seiner großen Genugtuung ganz selbstverständlich voll in das Getriebe des internationalen Austauschs auf dem Gebiet der Strafrechtswissenschaft einbezogen worden und ist hier bemüht, Deutschland neben anderen auf diesem Gebiet tätigen Persönlichkeiten und Einrichtungen so gut und uneigennützig wie möglich zu vertreten.

ANHANG

Genehmigungsschreiben

Der Minister des Kultus und Unterrichts.

Karlsruhe, den 31. Oktober 1938.
Schloßplatz 14/18
Fernsprecher Nr. 6650—6655.

Universität Freiburg
Eing. - 2. NOV. 1938
No. 9423.

№ A.18298

Auf die Vorlage vom
22. Oktober 1938 Nr.9064

Seminar für ausländisches und internationales Strafrecht.

I. An Herrn

Professor Dr. S c h ö n k e
an der Universität
in F r e i b u r g.

Die Einrichtung eines Seminars für ausländisches und internationales Strafrecht von der Universität Freiburg mit Wirkung vom Wintersemester 1938/39 ab wird genehmogt.

II. Nachricht hiervon.

Im Auftrag:

Im Auftrag des Rektors

An den
Rektor der Universität

in F r e i b u r g.

Stiftungsurkunde

Um die wissenschaftliche Forschung auf dem Gebiet des ausländischen und internationalen Strafrechts in Deutschland zu fördern, errichten

1. die Bundesrepublik Deutschland, vertreten durch den Bundesminister der Justiz,
2. das Land Baden-Württemberg, vertreten durch den Kultusminister,
3. die Albert-Ludwigs-Universität zu Freiburg

eine selbständige rechtsfähige Stiftung des privaten Rechts. Der Stiftung wird die nachstehende Verfassung gegeben.

§ 1

Name und Sitz der Stiftung

(1) Die Stiftung erhält den Namen „Institut für ausländisches und internationales Strafrecht“.

(2) Der Sitz der Stiftung ist Freiburg i. Br.

§ 2

Stiftungszweck

Mit den Mitteln der Stiftung sollen alle Maßnahmen gefördert werden, die der wissenschaftlichen Forschung auf dem Gebiet des ausländischen und internationalen Strafrechts und der Strafrechtsvergleichung dienen. In diesem Rahmen erteilt das Institut Auskünfte und erstattet wissenschaftliche Gutachten.

Für die Gutachtertätigkeit, die vom Institutsdirektor und vom Institut ausgeübt wird, gelten die Vorschriften der Verordnung über die Nebentätigkeit der Hochschullehrer vom 18. April 1939 (RGBl. I S. 797) und die hierzu ergangenen Verordnungen.

§ 3

Stiftungsvermögen

(1) Die Stifter bringen als Grundvermögen der Stiftung ein:

1. Der Bundesminister der Justiz	37000 DM
2. Das Land Baden-Württemberg	25000 DM

(2) Die Universität Freiburg stellt der Stiftung, solange diese besteht, Räumlichkeiten, wie sie dem bisherigen Universitätsinstitut für ausländisches und internationales Strafrecht eingeräumt waren, sowie die Bücherei und das sonstige Inventar des bisherigen Universitätsinstituts für die Zwecke der Stiftung unentgeltlich zur Verfügung.

(3) Der Bundesminister der Justiz und das Land Baden-Württemberg unterstützen die Stiftung im Rahmen der haushaltsmäßig jeweils zur Verfügung stehenden Mittel. Sie stellen weiter für die Zwecke der Stiftung diejenigen Bücher unentgeltlich zur Verfügung, die aus den vor Errichtung der Stiftung ausgeworfenen Haushaltsmitteln des Bundes oder des Landes angeschafft worden sind oder angeschafft werden. Diese Bücher bleiben Eigentum des Stifters, mit dessen Mitteln sie erworben worden sind.

(4) Das Land Baden-Württemberg stellt dem Institut einen wissenschaftlichen Assistenten und eine Sekretärin, die im Landesdienst bleiben und vom Land besoldet werden, und, soweit für das Institut Bedarf besteht, nach Möglichkeit weitere Angestellte zur Verfügung.

§ 4

Verwendung der Stiftungsmittel

(1) Das Stiftungsvermögen (§ 3) ist nach Abzug der für die Verwaltung notwendigen Kosten ausschließlich für den Stiftungszweck zu verwenden.

(2) Die Stiftung arbeitet gemeinnützig und ohne Gewinnabsicht.

§ 5

Organe der Stiftung

Organe der Stiftung sind:

der Direktor des Instituts als Stiftungsvorstand und
der Stiftungsrat.

§ 6

Stiftungsvorstand

(1) Der Direktor des Instituts als Stiftungsvorstand wird einstimmig vom Stiftungsrat ernannt. Er soll planmäßiger Professor der Rechte an der Universität Freiburg sein.

(2) Der Stiftungsvorstand vertritt die Stiftung gerichtlich und außergerichtlich. Er führt die Verwaltung und leitet die wissenschaftlichen Arbeiten nach Maßgabe von Richtlinien, die der Stiftungsrat unter seiner Beteiligung aufstellt. Der Stiftungsvorstand stellt die Angestellten, soweit sie nicht vom Land Baden-Württemberg zur

Verfügung gestellt werden, ein und entläßt sie. Sind es wissenschaftliche Mitarbeiter, so ist er verpflichtet, die Zustimmung des Stiftungsrats einzuholen.

§ 7

Stiftungsrat

(1) Der Stiftungsrat besteht

a) aus je einem Vertreter des Bundesministers der Justiz und des Bundesministers des Innern,

b) aus je einem Vertreter des Landes Baden-Württemberg und der Universität Freiburg.

(2) Der Stiftungsrat bestellt einen jährlich wechselnden Vorsitzenden aus seiner Mitte, der im ersten Jahr einer der unter Abs. 1a) genannten, im zweiten Jahr einer der unter Abs. 1b) genannten Vertreter sein soll. Diese Reihenfolge ist beizubehalten.

(3) Der Stiftungsrat faßt seine Entschließungen, soweit nichts anderes gesagt ist, mit Stimmenmehrheit. Bei Stimmengleichheit gibt die Stimme des Vorsitzenden den Ausschlag. Im Fall der ersten Wahl des Vorsitzenden entscheidet bei Stimmengleichheit das Los.

(4) Der Stiftungsrat stellt Richtlinien für die Verwaltung und Tätigkeit der Stiftung auf. Im Einvernehmen mit dem Stiftungsvorstand beschließt er den jährlichen Haushaltsplan der Stiftung. Für diesen Beschluß ist Einstimmigkeit erforderlich.

(5) Der Stiftungsrat tagt jährlich wenigstens einmal am Sitz der Stiftung.

§ 8

Rechnungsprüfung

(1. Nachtrag v. 26. 2. u. 14. 6. 54)

Die Rechnungsprüfung obliegt nach den allgemeinen Grundsätzen dem Rechnungshof Baden-Württemberg. Die Zuständigkeit des Bundesrechnungshofes für die Prüfung der Zuwendungen des Bundes nach § 64a RHO gemäß § 4 Abs. 2 u. 5 des Gesetzes über Errichtung und Aufgaben des Bundesrechnungshofes vom 27. November 1950 (BGBl. S. 765) wird hierdurch nicht berührt.

§ 9

Benutzungsvorschriften

(1) Der Stiftungsvorstand stellt eine vom Stiftungsrat zu genehmigende Benutzungsordnung auf, die dem Dekan der rechts- und staatswissenschaftlichen Fakultät der Universität Freiburg über-

mittelt wird. Darin ist sicherzustellen, daß die Mitglieder des Lehrkörpers sowie die Studierenden der Universität Freiburg das Institut in der gleichen Weise benutzen können wie ein Universitätsinstitut.

(2) Die Universität Freiburg wird das Institut im Vorlesungsverzeichnis als angegliedertes Institut führen.

§ 10

Auflösung der Stiftung

(1) Über die Auflösung der Stiftung beschließt der Stiftungsrat einstimmig.

(2) Das bei Auflösung der Stiftung vorhandene Vermögen fällt nach Maßgabe der bis zum Zeitpunkt der Auflösung erbrachten Leistungen an die Stifter. Diese haben jedoch das Recht, das Stiftungsvermögen unter Zahlung des sich nach Satz 1 ergebenden Betrages an die übrigen Stifter als Ganzes zu übernehmen, und zwar in folgender Reihenfolge:

1. die Universität Freiburg,
2. das Land Baden-Württemberg,
3. der Bundesminister der Justiz.

Stuttgart, den 26. Februar 1954.

gez. Simpfendörfer
Kultusminister

Bonn, den 14. Juni 1954.

Der Bundesminister der Justiz
In Vertretung
gez. Strauß

Freiburg i. Br., den 14. Juni 1954

gez. Prof. M. Pfannenstiel
Rektor der Universität Freiburg

Auszug aus der Benutzungsordnung des Instituts für ausländisches und internationales Strafrecht Freiburg i. Br.

I. Aufgabe

Das Institut für ausländisches und internationales Strafrecht dient der wissenschaftlichen Forschung auf dem Gebiete des gesamten ausländischen Strafrechts und der Strafrechtsvergleichung. Die Bücherei des Instituts dient gleichzeitig der wissenschaftlichen Dokumentation.

II. Benutzungsrecht

Die Räume des Instituts und seine Bücherei stehen, außer den ständigen Mitarbeitern, folgenden Personen zum Zwecke wissenschaftlicher Arbeit auf dem Fachgebiet des Instituts unentgeltlich zur Verfügung:

1. deutschen und ausländischen Hochschullehrern,
2. Studenten der Albert-Ludwigs-Universität, Freiburg i. Br.,
3. Doktoranden der Albert-Ludwigs-Universität, Freiburg i. Br.,
4. Bediensteten öffentlicher Behörden,
5. anderen Personen, die vom Direktor des Instituts hierzu die Genehmigung erhalten.

Außer den Professoren, Dozenten und Lehrbeauftragten der Universität Freiburg haben sich alle Benutzer, die nicht ständige Mitarbeiter sind, bei der Institutssekretärin oder der Bibliothekarin anzumelden und sich auszuweisen.

III. Benutzungszeit

Die Räume des Instituts stehen den Benutzern, soweit keine besondere Regelung getroffen worden ist, an Arbeitstagen von 9—18 Uhr zur Verfügung.

Mitarbeiter des Instituts für ausländisches und internationales Strafrecht im Jahre 1963

Direktor:	Professor Dr. Hans-Heinrich Jescheck
Wissenschaftliche Assistenten und wissenschaftliche Angestellte:	Assessor Dr. Rudolf Leibinger (Stellvertreter des Direktors) (Nordische Staaten)
	Assessor Heinz Mattes (Spanien, Portugal, Südamerika)
	Referendarin Dr. Thea Lyon (Osteuropa)
	Referendarin Johanna Bosch (Italien)
	Assessor Dr. Joachim Herrmann, LL.M. (USA; Völkerrecht)
	Referendar Reinhard Moos (Schweiz, Österreich)
Wissenschaftliche Hilfskräfte:	Referendar Kurt Madlener (Frankreich, Belgien)
	Referendarin Dr. Barbara Lehmann (Großbritannien und Commonwealth-Länder)
	Referendar Justus Krümpelmann (Deutschland)

	Referendarin Elisabeth Kreuzer (Dokumentation)
Gastassistent:	Jyun-Hsyong Su (National-China)
Freie Mitarbeiter:	Amtsgerichtsrat Dr. Wolf Middendorf (Jugendkriminalrecht)
	Oberpfarrer Dr. Johannes Kühler (Strafvollzug; Niederlande)
Forschungsstipendiaten:	Professor Dr. Haruo Nishihara (Japan)
	Professor Dr. Franco Bricola (Italien)
	Privatdozent Dr. Alessandro Baratta (Italien)
	Dr. Alexandros Katsantonis (Griechenland)
	Mr. C. F. Ruter (Niederlande)
	Staatsanwalt Dr. Theo Vogler
	Sevinç Erçman (Türkei)
Bibliothek:	Diplom-Bibliothekarin Hertha Schwenkner
	Diplom-Bibliothekarin Marlies Gaebler
	Irmtraut Heidemann
	Johanna Pasoldt
Sekretariat:	Liese-Lotte Köcher
	Gerda Borowiak
Buchhalter:	Reg.-Obersekretär Paul Suger
Hausmeister:	Fridolin Holderer

Liste der im Institut oder auf Anregung des Institutes in der Rechts- und Staatswissenschaftlichen Fakultät gehaltenen Vorträge seit 1954

1954 Gerichtspräsident Privatdozent Dr. Hans Schultz, Thun:
Probleme der Strafrechtsreform in der Schweiz.

1955 Privatdozent Dr. Cesare Pedrazzi, Urbino:
Probleme der Strafrechtsreform in Italien.

Staatssekretär Dr. Walter Strauß, Bonn:
Probleme der deutschen Strafrechtsreform.

Professor Dr. Friedrich Nowakowski, Innsbruck:
Probleme der Strafrechtsreform in Österreich.

Privatdozent Dr. Peter Noll, Basel:
Übergesetzliche Milderungsgründe aus vermindertem Unrecht nach schweizerischem und deutschem Recht.

Oberstaatsanwalt Dr. Gerd Hiete, Braunschweig:
Probleme des Entwurfs eines Bundesstrafvollzugsgesetzes.

Professor Dr. Edmund Mezger, München:
Das Typenproblem in Kriminologie und Strafrecht.

1956 Ministerialrat Dr. Heinrich Grützner, Bonn:
Staatspolitik und Kriminalpolitik im Auslieferungsrecht.

A. M. Honoré, Oxford:
Introduction to English Criminal Law and Differences from Continental Law.
Problems of Penal and Penitentiary Reform in England.
Causation as a Basic Problem of English Criminal Law.
Special Problems of Causation.

Rechtsanwalt Dr. Schrader, Bad Godesberg:
Gerichtsverfassung und Strafverfahren in der sowjetischen Besatzungszone.

Privatdozent Dr. Telemachos Philippides, Thessalonike:
Der Einfluß der deutschen Strafrechtswissenschaft in Griechenland.

Professor Dr. Max Waiblinger, Bern:
Subjektivismus und Objektivismus in der neueren Lehre und Rechtsprechung vom Versuch.

Professor Dr. Robert Rie, University of Alaska in College (Alas.):
Alaska — ein staatsrechtliches Problem der USA.

Regierungsdirektor Dr. Gerhard Simson, Stockholm:
Die Kriminalrechtsreform Schwedens.

Professor Dr. O. A. Germann, Basel:
Ermessensentscheide im Strafrecht.

1957 Professor Dr. Paolo Rossi, Staatsminister, Rom:
Per una tutela concreta dei diritti dell'uomo.

Professor Dr. Jacques Léauté, Straßburg:
L'évolution moderne du droit pénal français.

1958 Professor Dr. Ivar Agge, Stockholm:
Probleme der modernen schwedischen Kriminalpolitik.

1959 Marc Ancel, Richter am Kassationshof von Frankreich, Paris:
L'influence de la jurisprudence de la Cour de Cassation sur l'évolution moderne du droit pénal français.

Professor Dr. Giuseppe Bettiol, Staatsminister, Padua:
Der gegenwärtige Stand der italienischen Strafrechtswissenschaft.

Professor Dr. Hans Zeisel, Chicago:
Untersuchungen über das Schwurgericht in Strafsachen, neue Bahnen kriminalpolitischer und juristischer Forschung.

Professor Dr. Max Grünhut, Bonn-Oxford:
Geschichtliche und rationale Elemente im englischen Strafrecht.

1960 Professor Dr. Robert Legros, Brüssel:
Pour une défense sociale élargie.

Professor Dr. Richard Honig, Göttingen-New York:
Die Erscheinungsformen des Verbrechens im deutschen und amerikanischen Strafrecht.

1961 Professor Dr. Richard Honig, Göttingen-New York:
Der Schuldbegriff im amerikanischen Strafrecht.

Professor Jerome Hall, Indiana University in Bloomington (Ind.):
Comparative Law and Legal Sociology.

1962 Professor Dr. Robert Rie, College of Mining and Technologie in Houghton (Mich.):
Gesellschaftliche Strukturveränderungen in den USA seit dem Zweiten Weltkrieg.

Professor Dr. Schobern Jü, Taiwan:
Ein Überblick über den gegenwärtigen Stand des chinesischen Rechtswesens.

Professor Dr. Pietro Nuvolone, Pavia:
Die italienische Strafprozeßreform im Vergleich mit den deutschen Reformbestrebungen.

1963 Dozent Dr. Georgios Mangakis, Athen:
Über das Verhältnis von Strafrechtsschuld und Willensfreiheit.

Professor Dr. Vladimir Solnař, Prag:
Grundgedanken der neuen tschechoslowakischen Strafgesetzgebung.

Professor Dr. Ivar Agge, Stockholm:
Das neue schwedische Strafgesetzbuch.

Professor Dr. Eduardo Correia, Coimbra:
Grundgedanken der portugiesischen Strafrechtsreform.

Professor Dr. Richard Honig, Göttingen-New York:
Die Regelung der Irrtumsprobleme im amerikanischen Model Penal Code und im deutschen StGB-Entwurf 1962.

Die im Institut angefertigten Dissertationen auf dem Gebiete des ausländischen Strafrechts, der Strafrechtsvergleichung und des internationalen Strafrechts

1939 Büttner, Hellmuth
Vermögensdelikte im neuen schweizerischen Strafgesetzbuch und im kommenden Strafrecht

1941 Borcherding, Willi
Schuld und Irrtum im schweizerischen und deutschen Strafrecht

1942 Blau, Günther
Gefährlichkeitsbegriff und Sicherungsmaßregeln in einigen südamerikanischen Strafrechten im Vergleich zum deutschen Recht

Bollak, Gert
Die Amtsunterschlagung unter besonderer Berücksichtigung des künftigen und ausländischen Strafrechts

1944 Dahlmann, Barbara
Die Einflüsse der neueren Strafrechtsentwicklung auf das polnische Strafgesetzbuch

1945 Jebsen, Jürgen
Die §§ 170a—c StGB. Eine Auslegung, rechtsvergleichende Darstellung von Parallelbestimmungen des Schweizer StGB sowie kritische Würdigung im Hinblick auf ein neues StGB

1946 Bernards, Elisabeth
Die Altersstufen im deutschen und schweizerischen Jugendstrafrecht

1947 Bachmann, Joachim
Rechtfertigungs- und Entschuldigungsgründe im französischen und deutschen Strafrecht in rechtsvergleichender Darstellung

Golpke, Walter
Über das Schwurgericht in Spanien und einigen südamerikanischen Staaten

1948 Tidow, Alfred
Der Schuldbegriff im englischen und nordamerikanischen Strafrecht

Popincine, Mardarie
Die Grundprinzipien der rumänischen, deutschen und französischen Strafprozeßordnung

Greß, Josef
Über Urkundenfälschung im französischen, schweizerischen und deutschen Recht

Strecker, Adolf
Über die Unterlassungsdelikte im französischen, deutschen und schweizerischen Strafrecht

1949 Krzeczowski, Jercy
Internationale Rechtsverhältnisse Polens im Gebiet des Strafrechts

Guerra, Dante
Die Abtreibung nach deutschem und schweizerischem Recht

1950 Dreher, Herbert
Real- und Idealkonkurrenz im französischen und deutschen Strafrecht in rechtsvergleichender Darstellung

Schall, Herbert
Über die Eidesdelikte im französischen, belgischen, italienischen und deutschen Strafrecht

Straub, Gernot
Täterschaft und Teilnahme im englischen Strafrecht

1951 Huber, Gerhard
Die Tötungsdelikte im englisch-amerikanischen Recht

Weber, Adolf
Zur Frage der Zulässigkeit von Wahlfeststellungen im Strafrecht unter besonderer Berücksichtigung ausländischer Rechte

Wehrle, Heinz
Betrug und Untreue im englischen und nordamerikanischen Strafrecht

Körkel, Wolfgang
Der Versuch im französischen und deutschen Recht

1952 Ens, Karl-Werner
Begünstigung und Hehlerei im anglo-amerikanischen Rechtskreis

Scharff, Helmuth
Der Aufbau des Verbrechensbegriffs in der italienischen Wissenschaft

Dold, Richard
Das internationale Strafrecht im französischen und deutschen Strafrecht

Henrich, Manfred
Die Hehlerei im deutschen und französischen Recht

1953 Meyer, Heinrich
Die Einlieferung

Baltes, Theo
Die Strafbarkeit des Versuchs im englischen Recht und in den Tochterrechten

Heuermann, Rudolf
Die Behandlung der Trunkenheit und der Gewohnheitstrinker im ausländischen Strafrecht

1954 Huber, Lothar
Die Körperverletzung im englischen Recht unter besonderer Berücksichtigung der Dominions und mit einem Überblick über das Recht der Vereinigten Staaten von Nordamerika

1955 Wagner, Erwin
Internationales Strafrecht in England und in den USA

Stoll, Hans Albrecht
Die Eidesdelikte in rechtsvergleichender Darstellung

Buchholtz, Winfried
Die Unterschlagung im französischen Recht in rechtsvergleichender Darstellung

Schill, Ernst
Der Betrug im französischen Recht

1956 Doganay, Jasar
Das türkische Auslieferungsrecht

Hausmann, Hans
Die französische Strafrechtsnovelle vom 23. 7. 42 „Abandon de famille". Darstellung und Vergleichung mit den deutschen Tatbeständen

Kohlmann, Ernst
Die Behandlung des Betruges im ausländischen Strafrecht

Lienert, Herta
Der Contempt of Court im anglo-amerikanischen Recht

Heldmann, Hans Heinz
Zurechnungsfähigkeit, Zurechnungsunfähigkeit und verminderte Zurechnungsfähigkeit in rechtsvergleichender Darstellung

Yüce, Turhan Tufan
Die Grundprobleme des türkischen Strafvollzugs im Vergleich mit dem Strafvollzug in Deutschland

Koch, Otmar
Die actio libera in causa im ausländischen Strafrecht

1957 Strauß, Joachim
Strafrechtliche Probleme bei der Stationierung von Truppen auf fremdem Hoheitsgebiete

Weyhenmeyer, Hans
Die Staatsschutzbestimmungen im ausländischen Strafrecht

Hertel, Klaus
Die Systematik der Vermögensdelikte im deutschen und schweizerischen Strafgesetzbuch

1958 Wolf, Hannelore
Die Gesetzgebung gegen Gewohnheitsverbrecher im Staate New York

Klinghardt, Heinz
Die Abtreibung im ausländischen Strafrecht

Spieler, Helga
Die vorbeugende Verwahrung

Kerner, Hanno
Der Versuch im spanischen Strafrecht

1959 Lyon, Thea
Der Verbrechensbegriff in der Strafrechtswissenschaft der DDR

Herrmann, Joachim
Die Anwendbarkeit des politischen Strafrechts auf Deutsche im Verhältnis zwischen der Bundesrepublik Deutschland und der Deutschen Demokratischen Republik

1960 Schill, Hans
Die Stellung des Richters in Frankreich

Stötter, Karin
Die Rechts- und Amtshilfe in Strafsachen im Verhältnis zur sowjetisch besetzten Zone Deutschlands

Eder, Helge
Die Entwicklung der Bestimmungen über das internationale Strafrecht in den deutschen Entwürfen zum Strafgesetzbuch

1961 Granitza, Axel
Die Dogmengeschichte des internationalen Strafrechts seit Beginn des 19. Jahrhunderts

Lehmann, Barbara
Die Bestrafung des Versuchs nach deutschem und amerikanischem Recht

Yazici, Turan
Der Wahrheitsbeweis bei ehrenrührigen Behauptungen im deutschen und türkischen Strafrecht unter besonderer Berücksichtigung der geschichtlichen Entwicklung

Weber, Dieter
Die zwischenstaatlichen und innerstaatlichen Voraussetzungen des Gegenseitigkeitsprinzips im europäischen Auslieferungsübereinkommen vom 13. 12. 1957

1962 Reschke, Eike
Der Schutz ausländischer Rechtsgüter durch das deutsche Strafrecht

Staubach, Fritz
Die Anwendung des ausländischen Strafrechts durch den inländischen Richter

Grützner, Winfried
Internationale Maßnahmen zur Überwachung bedingt verurteilter und bedingt entlassener Personen

Triffterer, Otto
Dogmatische Untersuchungen zur Entwicklung des materiellen Völkerstrafrechts seit Nürnberg

Roth, Uta Margrit
Das französische Strafverfahrensrecht und seine Reform

Themen einiger Gutachten des Instituts

1955 Künstliche Befruchtung.

Beschlagnahme periodischer Druckschriften.

Die Bedeutung der in Art. III der deutsch-britischen Auslieferungsvereinbarung verwendeten Strafrechtsbegriffe des englischen Rechts nebst Vorschlägen für die deutsche Übersetzung.

1956 Wiedereinführung der Todesstrafe (Erfahrungen in Italien).

Sicherung der Kosten eines Strafverfahrens durch Arrest.

1957 Beleidigung hochgestellter ausländischer Persönlichkeiten.

Strafbarkeit des unbefugten Fischens in eigenen Territorialgewässern.

Die Stellung der Staatsanwaltschaft im ausländischen Recht.

1958 Das Redaktionsgeheimnis der Presse.

Die Möglichkeit einer Verurteilung des im Beleidigungsprozeß abgewiesenen Privatklägers nach schweizerischem Recht.

1960 Die Strafbarkeit der Volksverhetzung im ausländischen Recht.

1961 Rechtsmittelbeschränkung in Bagatellsachen (Entwurf eines zweiten Gesetzes zur Sicherung des Straßenverkehrs).

FSC
www.fsc.org
MIX
Papier | Fördert
gute Waldnutzung
FSC® C083411

Kolibri 360 GmbH
Ferdinand-Jühlke-Straße 7
99095 Erfurt, Deutschland
produktsicherheit@kolibri360.de